TAROT
SECRETO
CUADERNO PARA COLOREAR

Mélanie Voituriez

TAROT
SECRETO
CUADERNO PARA COLOREAR

LAROUSSE

Deja que tu intuición te guíe,
iluminada por la benevolente
luz de la Luna.

EL MAGO

El Mago encarna la libertad. A pesar de su sombrero, con forma de signo del infinito, que revela su versatilidad, posee una gran lucidez, que se incrementa a lo largo de su vida. Le guía su caduceo y su espada, símbolos del discernimiento.

«La imaginación es
el ojo del alma.»

Joseph Joubert

LA SACERDOTISA
(O LA PAPISA)

La Papisa simboliza el saber y el conocimiento. Iniciada en los secretos del universo, prefiere esconderlos detrás de sus pesados ornamentos, marca de su personalidad discreta. Su trono representa la estabilidad ante la amenaza de la duda.

LA PAPESSE

«Quiero ser poeta
y trabajo para ser vidente:
usted no podrá entenderlo y
yo creo que no sabría explicárselo.»

Arthur Rimbaud

LA EMPERATRIZ

La Emperatriz detenta su poder
en el mundo terrestre y espiritual
sin tiranía. Su trono alado y su
escudo con un águila en pleno
vuelo simbolizan su voluntad de
elevarse para elucidar los misterios.

L'IMPÉRATRICE

Fíate del movimiento de los astros:
ellos regentan el firmamento
desde la noche de los tiempos.

EL EMPERADOR

El Emperador simboliza el poder y la conquista, de ahí su cetro valientemente empuñado. Decorado con un águila, su escudo simboliza su pragmatismo y su relación con la tierra, símbolos reforzados por el trono de brazos macizos, testigos de su sólido anclaje en el suelo.

L'EMPEREUR

El más azucarado de los filtros
suaviza a menudo la amargura
de la mala suerte.

EL PAPA
(O EL HIEROFANTE)

Receptáculo de la palabra divina,
el Papa hace de mediador entre
los seres humanos y Dios.
En la tríada de la cruz papal está
representado el instinto,
la consciencia y el conocimiento,
etapas clave del despertar
religioso.

LE PAPE

Durante toda tu vida, tira una
moneda en las fuentes que
encuentres en tu camino,
y la buena suerte florecerá.

EL ENAMORADO

El Enamorado encarna la
incertidumbre. La joven, con un
tocado de flores y pies desnudos,
y la mujer más madura coronada
representan dos destinos posibles.
Un cupido, a punto de lanzar la
flecha, simboliza la elección futura
del joven.

VI

L'AMOUREUX

Libérate del pasado, como
la serpiente de su muda, y tu
futuro florecerá esperanzado.

EL CARRO

En el Carro, y determinado a llegar a su destino, este hombre con un cetro empuñado con firmeza personifica la voluntad de ir hacia adelante hasta las últimas consecuencias. En el transcurso de este viaje iniciático, deberá conjugar sus bajos instintos y sus ansias de elevarse espiritualmente para encontrar la llave del éxito.

LE CHARIOT

Sírvete de la cartomancia
para aguzar tu tercer ojo.

LA JUSTICIA

La Justicia se encarna en una
mujer recta e impasible. Lleva
a cabo su misión acompañada de
una balanza, emblema de equidad
y de equilibrio, y de una espada,
arma de decisión.

LA JUSTICE

«Cada santo tiene un pasado
y cada pecador un futuro.»

Oscar Wilde

EL ERMITAÑO

El Ermitaño es un anciano solitario
que encarna la sabiduría.
Acompaña las almas en
la búsqueda del propio
conocimiento, que ilumina con su
linterna. Su caminar pausado
y su caduceo representan la
lentitud propia de la introspección
y el aislamiento voluntario.

L'HERMITE

«Leo en el futuro
la razón del presente.»

Alphonse de Lamartine

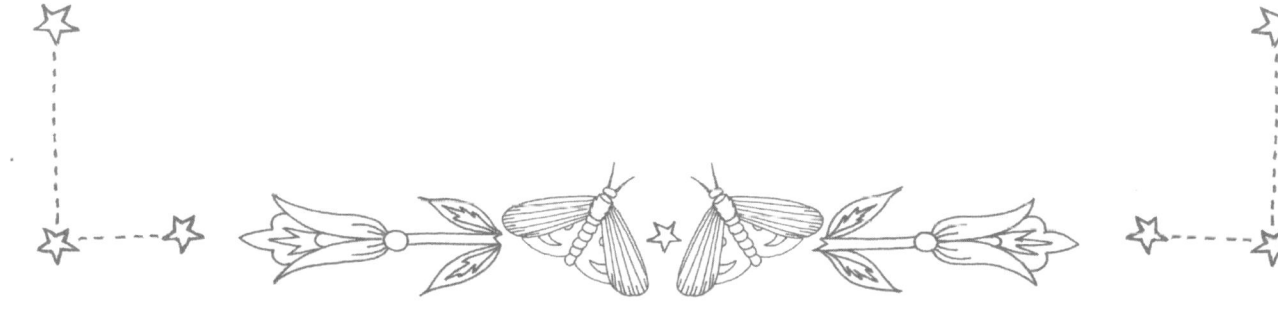

LA RUEDA DE LA FORTUNA

Encarnación del ciclo de la vida, la Rueda de la Fortuna alberga una esfinge, representación del destino, un carnero que baja, para los peligros del destino, y un perro que olfatea, para la elevación espiritual. En el centro, donde se unen los radios, hay una manivela, emblema del libre albedrío.

LA ROUE DE FORTUNE

Estos trabajados cálices podrán
sumergirte en la embriaguez
de la existencia.

LA FUERZA

Serena, uniendo voluntad, instinto
y poder espiritual, la Fuerza es
capaz de someter al león.
Así domina el mundo material
y sus emociones fuertes.

LA FORCE

Los oráculos podrán coronarte de
los laureles del honor insuflándote
el coraje de la espada.

EL COLGADO

El Colgado simboliza la resignación y el replegarse en uno mismo. Los dos troncos entre los cuales oscila forman un pórtico que representa el impulso vital y la elevación espiritual. Esta última está permitida por la conexión entre su mente y su alma, materializada por la soga.

Que tu tercer ojo centellee
de clarividencia como
la bóveda celeste.

LA MUERTE
(O EL ARCANO SIN NOMBRE)

Con su guadaña y su apariencia mortuoria, este esqueleto encarna el paso del tiempo y el ciclo de la vida. Los objetos del suelo muestran que nadie se libra de la Muerte, pero ella participa del proceso de renacimiento.

La más pequeña de las
colecciones de curiosidades
evoca mil y una existencias.

LA TEMPLANZA

Dinámica, la Templanza regula la
forma de los flujos de energía con
sus dos jarros. Dotada de alas de
ángel, es una figura importante
del mundo espiritual donde ejerce
un poder beneficioso, revelado
por el suelo florido a sus pies.

LA TEMPÉRANCE

«Creo que los gatos son espíritus llegados a la Tierra.»

Julio Verne

EL DIABLO

Encima de un pedestal que simboliza su poder sobre los hombres, el Diablo también los incita a enfrentarse a su lado oscuro para conocerse mejor. Sus alas puntiagudas evocan su origen celestial y recuerdan que se ha convertido en el centro de las tinieblas.

Que eclosione en tu hogar
la delicia de la paz interior.

LA TORRE
(O LA CASA DE DIOS)

De muy mal augurio, la Torre simboliza
una convulsión irremediable.
Resquebrajando sus sólidos muros,
el rayo deja sin fuerza a sus habitantes.
Pero también es sinónimo
de renovación energética:
la naturaleza florece y la reconstrucción
se muestra posible.

LA MAISON DIEU

Rastrear furtivamente los astros
del firmamento para encender
tu estrella de la suerte, esta es
la noble tarea de la vidente.

LA ESTRELLA

Protectora de la humanidad
vaciando dos grandes jarras,
emblemas del amor y de la paz,
la Estrella guía los mortales hacia la
claridad. Los dos pájaros que vuelan
simbolizan la elevación espiritual
de las almas purificadas.

L'ÉTOILE

Cuando en la nigromancia te
iniciarás, a la Muerte desafiarás.

LA LUNA

La Luna, difusora de claridad saludable
durante la noche, simboliza la reflexión.
El cangrejo, frágil en su caparazón,
se encuentra ante el astro en aguas
agitadas, asociadas al inconsciente.
La cabeza levantada de los perros, guías
espirituales de las almas, y las gotitas que
se elevan, en vez de caer, revelan el poder
de atracción de la Luna.

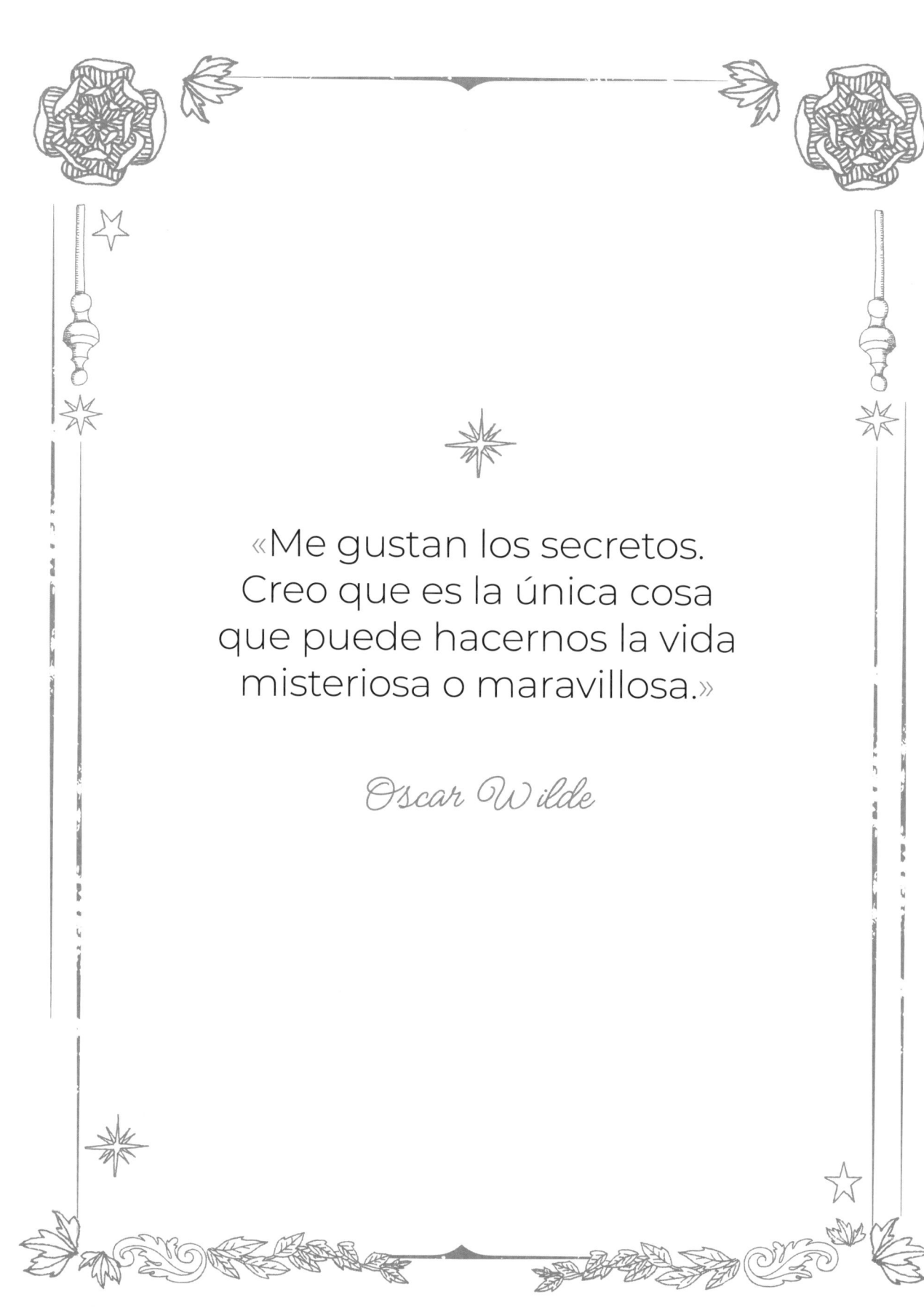

«Me gustan los secretos.
Creo que es la única cosa
que puede hacernos la vida
misteriosa o maravillosa.»

Oscar Wilde

EL SOL

La generosidad protectora del Sol se
encarna en sus rayos, que fluyen hacia la
Tierra en abundantes gotas de oro, fuente
de alegría, como la de los dos angelitos que
juegan despreocupados. El muro simboliza
la realidad del mundo concreto,
en oposición a los misterios inquietantes
de las tinieblas.

LE SOLEIL

«La duda es un progreso
sobre la negación.»

Louise Ackermann

EL JUICIO

Símbolo de la segunda oportunidad, el ángel del Juicio resucita tres almas a las que se les otorga una nueva vida. Les sopla la palabra divina con su trompeta, cuya bandera los une en un nuevo impulso vital y espiritual.

LE JUGEMENT

«En tu ojo se encuentran
el atardecer y la aurora.»

Charles Baudelaire

EL MUNDO

El Mundo es el símbolo de la armonía entre los elementos del cosmos: la tierra (el toro), el fuego (el león), el agua (el águila) y el aire (el ángel) gravitan sin chocar alrededor de una corona de laurel, planta de la eternidad. En el centro hay una mujer que equilibra los movimientos del universo.

LE MONDE

«Noche donde mueren el azul,
los ruidos y los contornos,
Donde las vivas claridades
se apagan una a una,
Oh noche, urna profunda
donde las cenizas del día
Descienden suavemente
y bailan a la luz de Luna.»

Anna de Noailles

El Cinco de Bastos simboliza la capacidad de construir y concretar un proyecto, pero también los potenciales obstáculos. De esta manera, estos cinco bastos unidos materializan una dificultad compleja pero no imposible de superar.

CINQ DE BÂTON

Objetos de cristal celeste y ortigas blancas espolvoreadas de estrellas... ¡Así conseguimos eliminar el mal de ojo!

Amuletos, reloj de arena
y ramo de flores perfumado:
tienes todas las cartas en la mano
para descifrar tu futuro.

EDICIÓN ORIGINAL

Dirección de la publicación:
Isabelle Jeuge-Maynart y Ghislaine Stora
Dirección editorial: *Nathalie Viard*
Edición: *Maud Rogers y Philippine Richard*
Dirección artística: *Géraldine Lamy*
Cubierta: *Véronique Laporte*
Diseño y maquetación: *Émilie Laudrin*

EDICIÓN EN ESPAÑOL

Edición y traducción: *Emili López Tossas*
Revisión, maquetación y adaptación de la cubierta:
José María Díaz de Mendívil Pérez

© Éditions Larousse, 2021
© LAROUSSE EDITORIAL, S. L., 2025
Bac de Roda, 64, 1.ª planta, local B, 08019 Barcelona
www.larousse.es - clientes@grupoanaya.com

Primera edición: mayo de 2025
ISBN: 979-13-87520-27-4
Depósito legal: B-B-3718-2025
1E1I

PAPEL DE FIBRA
CERTIFICADA